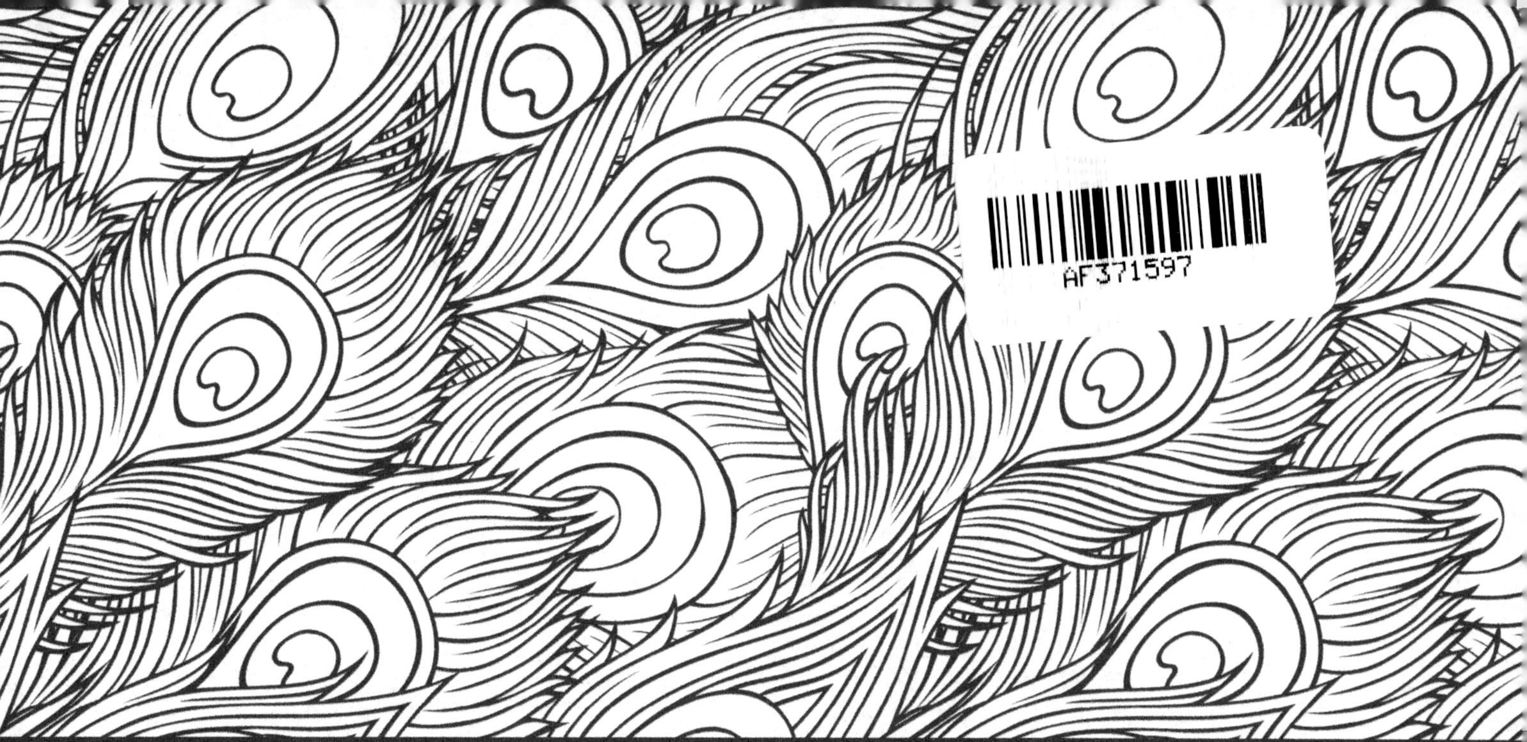

Papeterie Bleu

MANDALAS

PARA PRACTICAR MINDFULNESS

UN LIBRO DE COLOREAR PARA ADULTOS

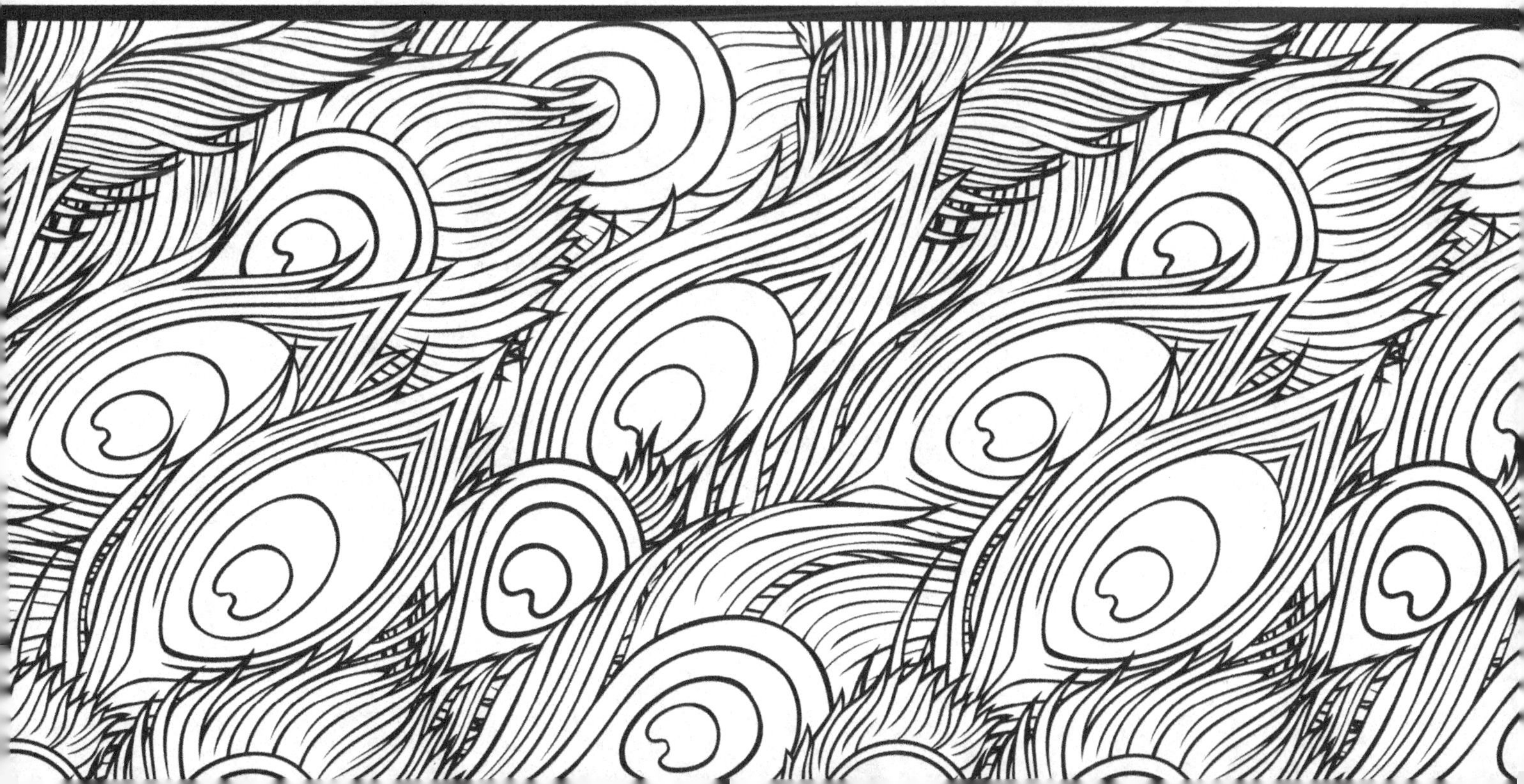

INHALA CONFIANZA,
EXHALA DUDAS

NO DEJES DE CREER
QUE EXISTE BONDAD
EN EL MUNDO

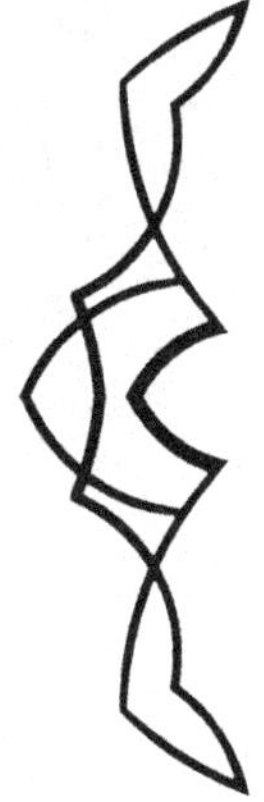

CAERSE EN LA VIDA
ES INEVITABLE;
NO LEVANTARSE ES
OPCIONAL

TODO VA A SALIR BIEN

HAY COSAS
INCREÍBLES
ESPERÁNDOTE AHÍ
FUERA

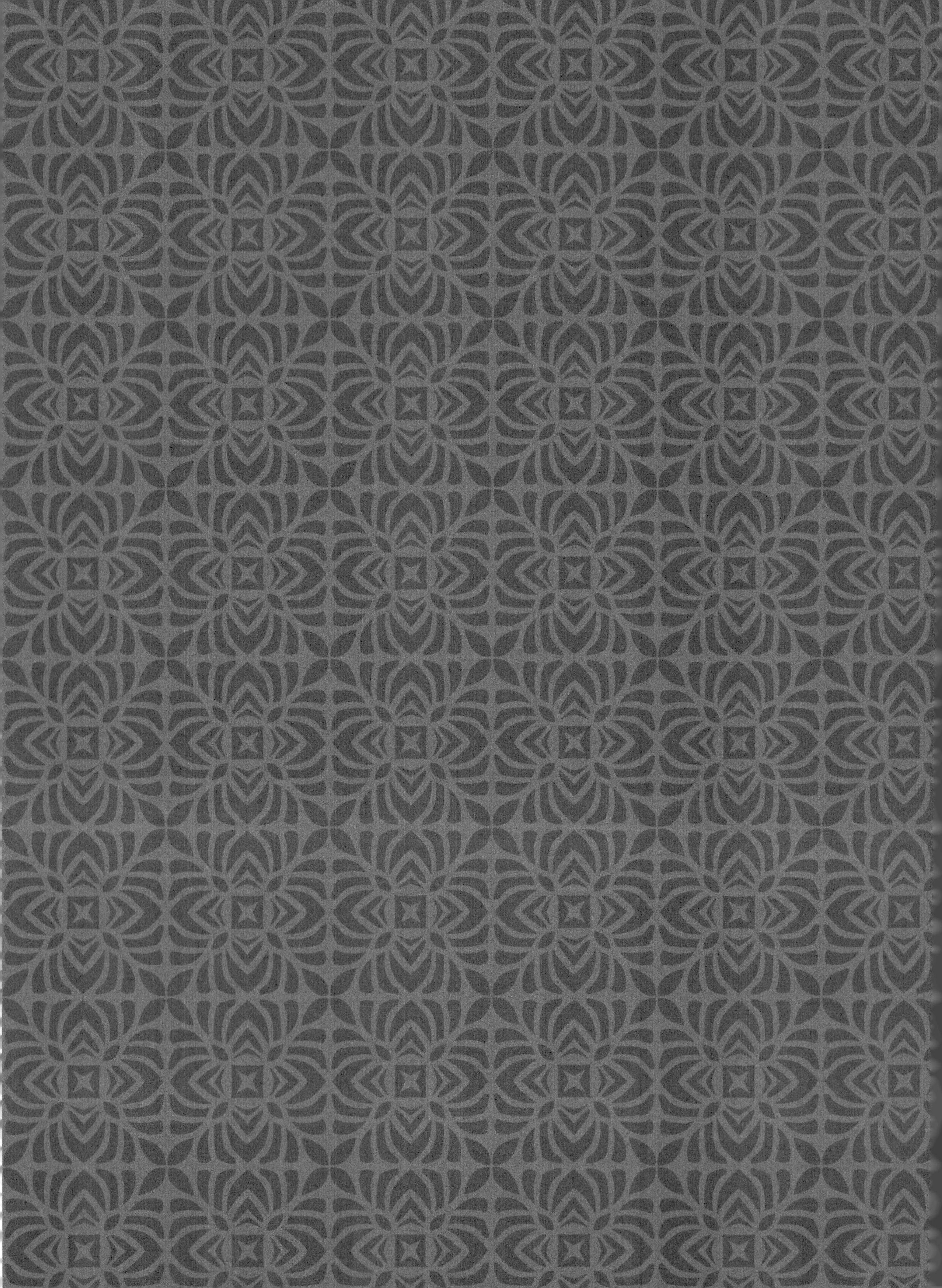

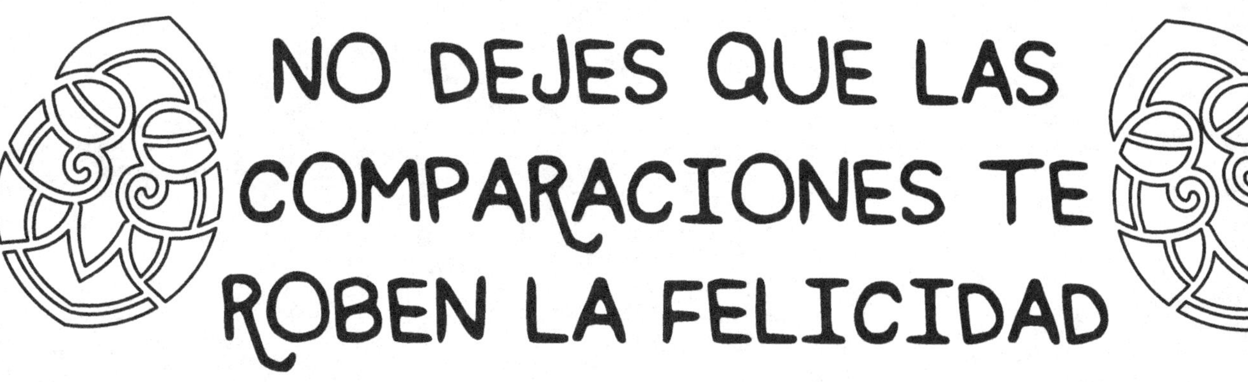

NO DEJES QUE LAS COMPARACIONES TE ROBEN LA FELICIDAD

TODO ES POSIBLE
EN LA MEDIDA QUE
TÚ CREAS QUE ES
POSIBLE

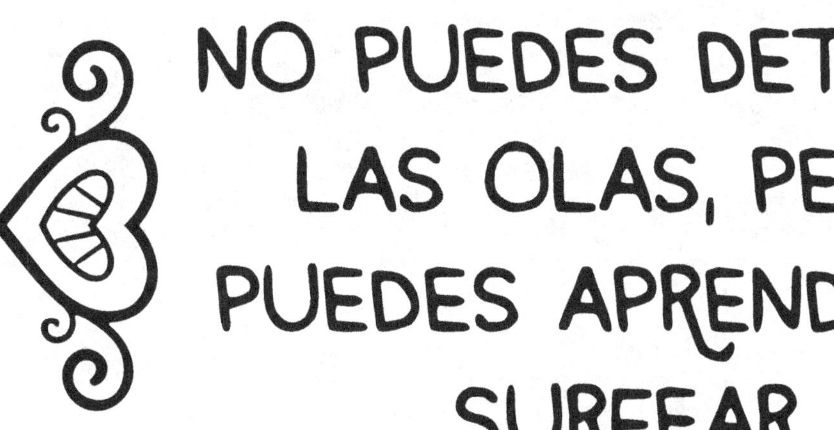

NO PUEDES DETENER
LAS OLAS, PERO
PUEDES APRENDER A
SURFEAR

LO QUE PARA UNA ORUGA ES
EL FIN DEL MUNDO, PARA EL
RESTO DEL MUNDO ES UNA MARIPOSA

NO SEAS
DEMASIADO DURO
CONTIGO MISMO

UN PAR DE PALABRAS
BONITAS PUEDE CAMBIARLE A
ALGUIEN EL DÍA ENTERO

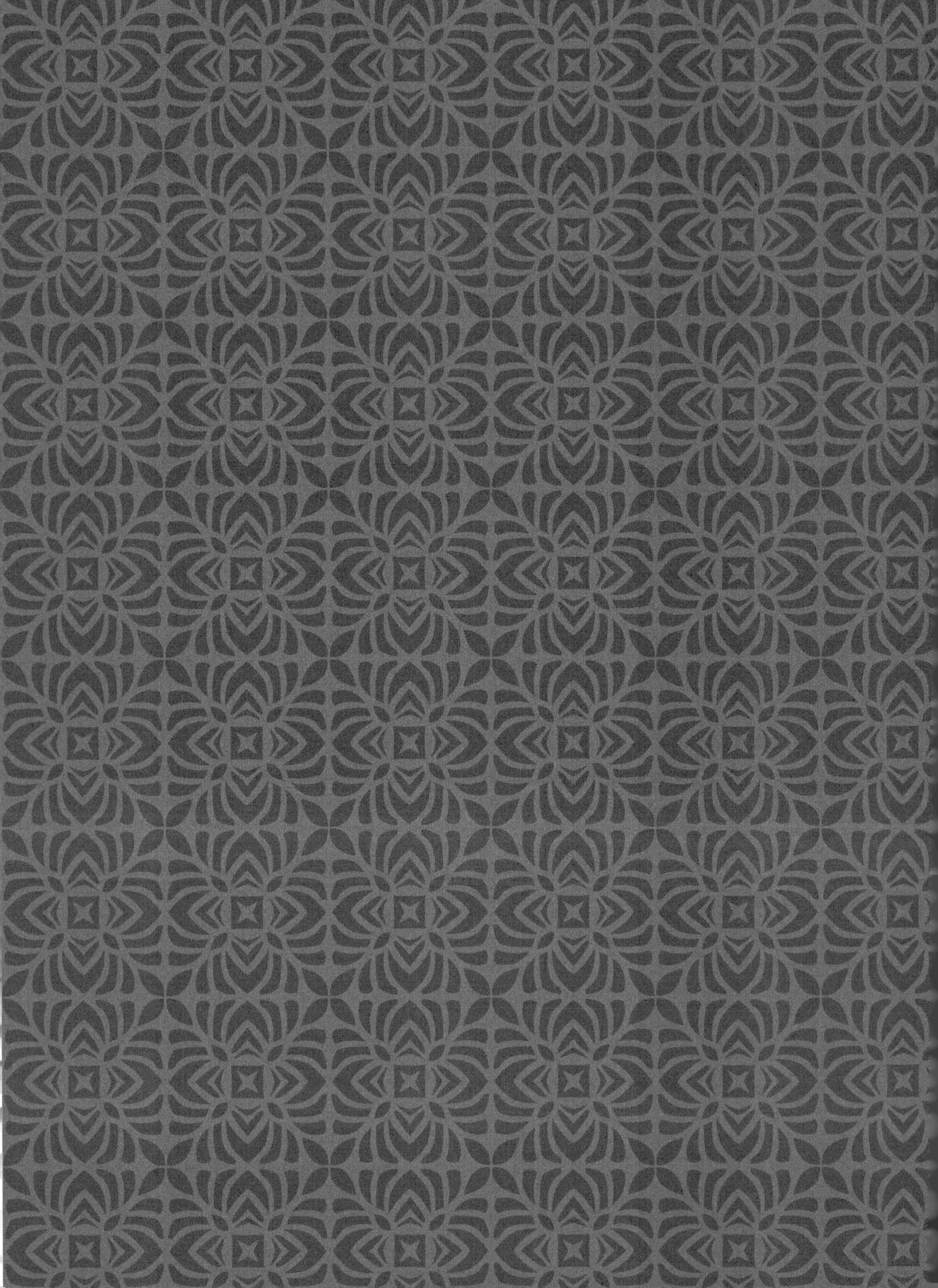

DISFRUTA DE
TODOS Y CADA
UNO DE TUS DÍAS

NINGÚN ACTO DE
AMABILIDAD, POR
PEQUEÑO QUE SEA,
CAERÁ EN SACO ROTO

RODÉATE DE
PERSONAS
POSITIVAS

ELIGE SER
FELIZ HOY

PARA HACER REALIDAD TUS
SUEÑOS, TIENES
QUE PERDER EL
MIEDO A EQUIVOCARTE

BUSCA LA MEJOR
VERSIÓN DE TI
MISMO

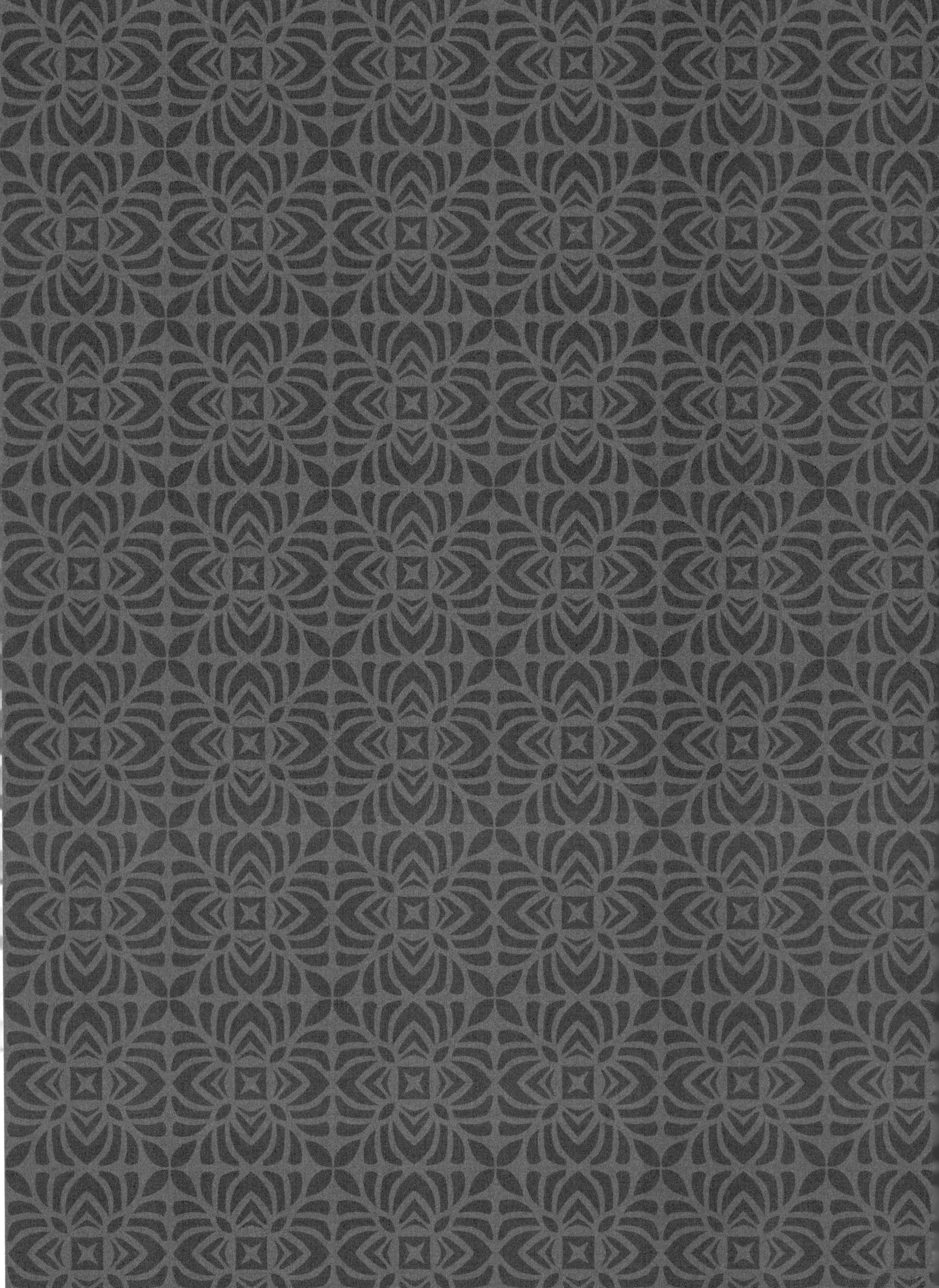

ENCUENTRA UNA
OPORTUNIDAD EN
CADA NUEVO DÍA

CAMBIA TUS
PENSAMIENTOS Y
CAMBIARÁS EL MUNDO

SAL DE TU ZONA DE CONFORT

PREGÚNTATE SI LO QUE ESTÁS
HACIENDO HOY TE ACERCA
AL LUGAR EN EL QUE
QUIERES ESTAR MAÑANA

CONCÉNTRATE
EN LO QUE
DE VERDAD
IMPORTA

NO HAY MEJOR ALMOHADA QUE
UNA CONCIENCIA TRANQUILA

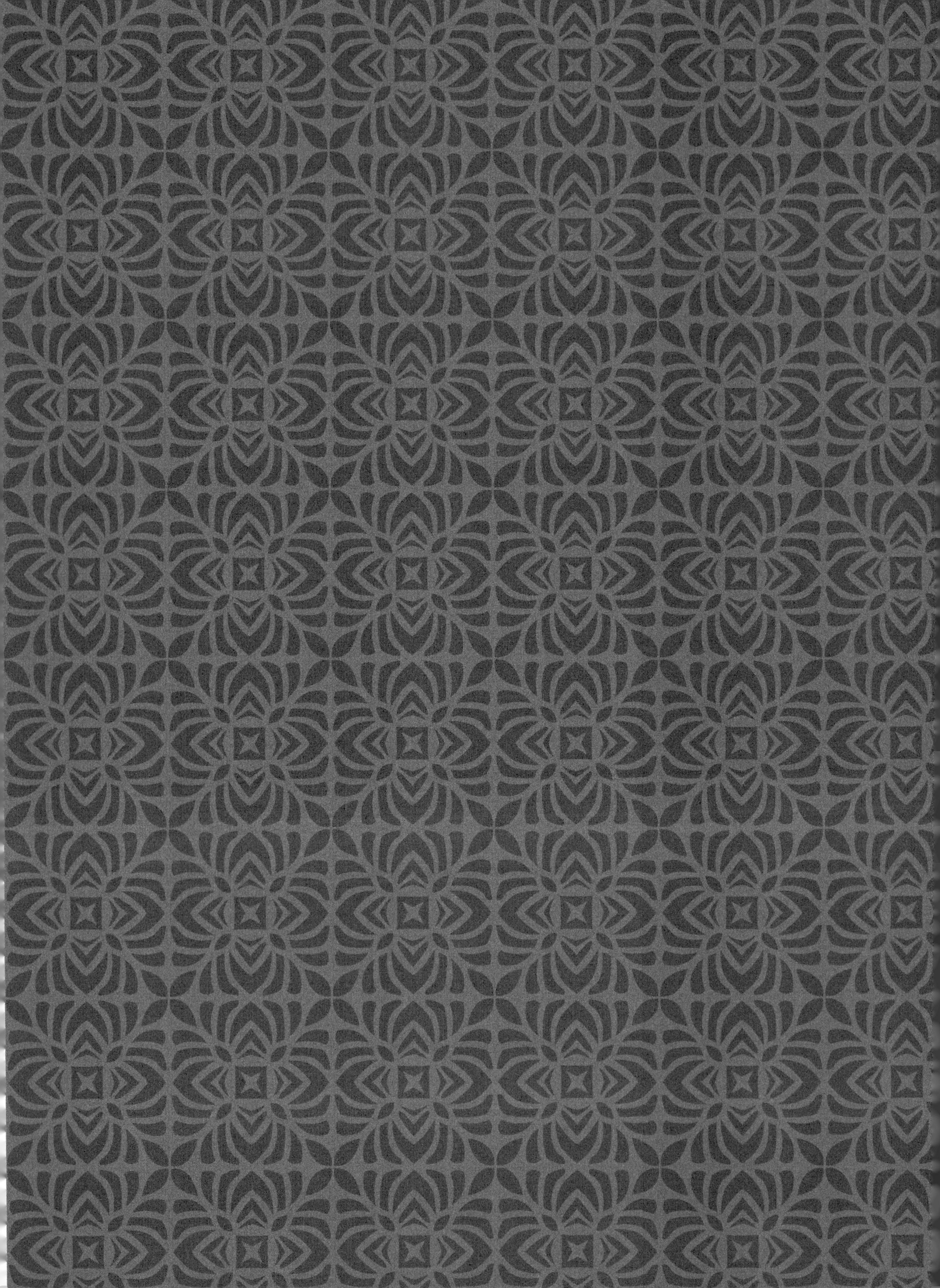

CONVIERTE TUS
PROBLEMAS EN
RETOS, NUNCA
EN OBSTÁCULOS

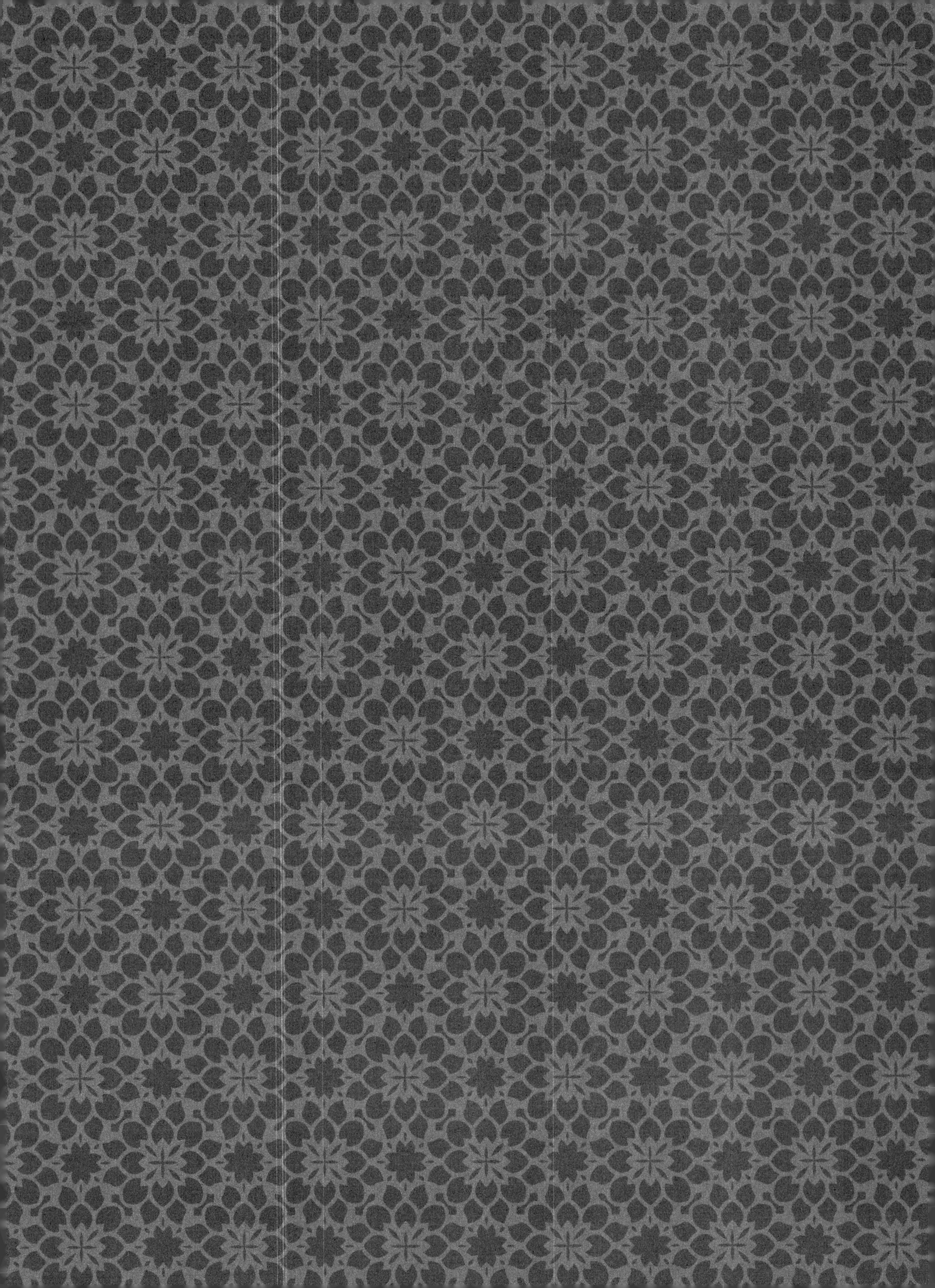

ACEPTA CUALQUIER
RIESGO, DESHECHA
CUALQUIER MIEDO

CULTIVA EL
HÁBITO DE SER
AGRADECIDO

ABRE LOS BRAZOS A
NUEVAS PERSONAS Y
OPORTUNIDADES

RECUERDA SIEMPRE QUE
LA HUMILDAD ES EL
INGREDIENTE
ESENCIAL PARA EL ÉXITO

SÉ POSITIVO,
PACIENTE Y
PERSISTENTE

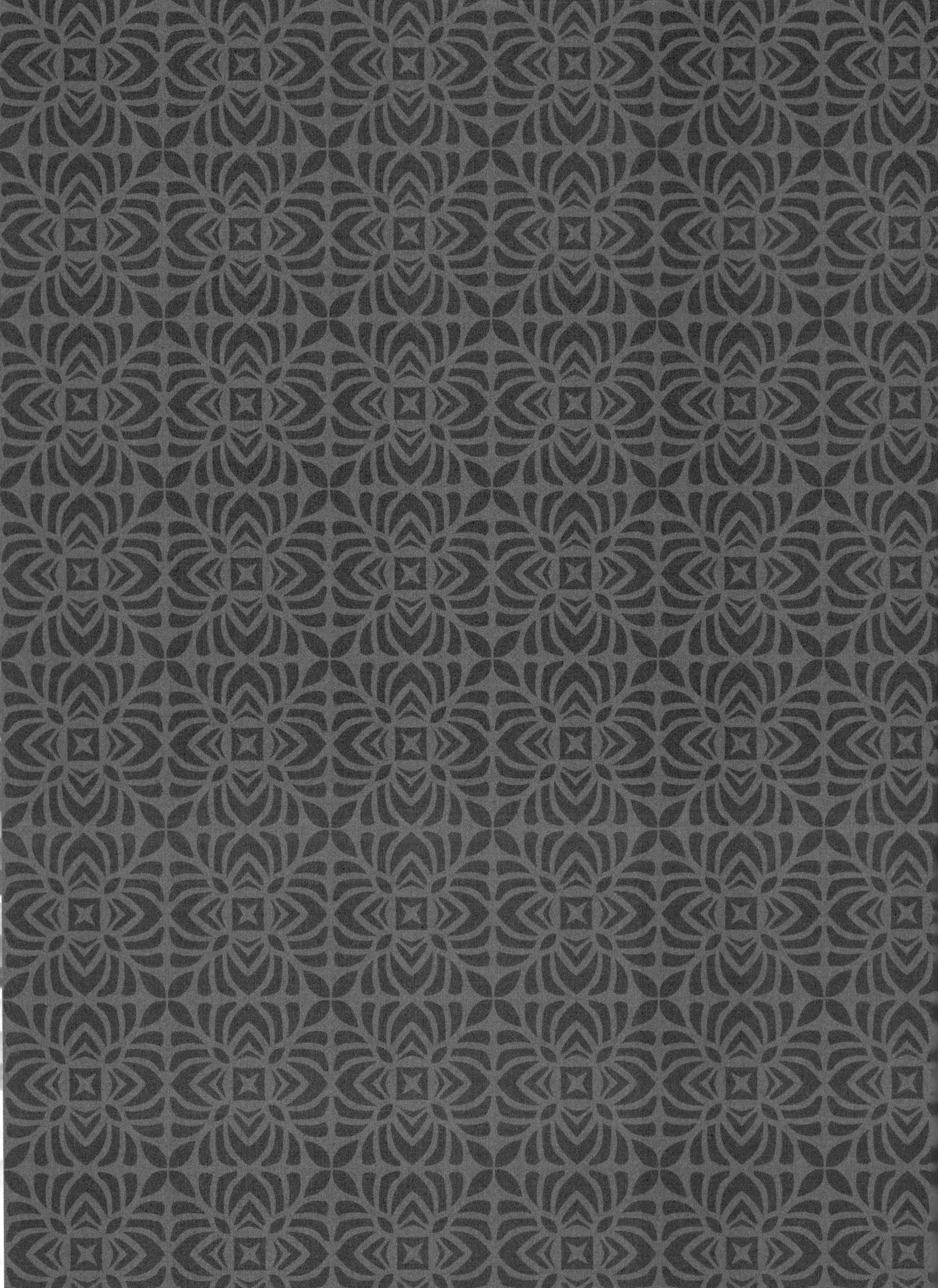

SIEMPRE HAY
ALGO POR LO QUE
DAR GRACIAS

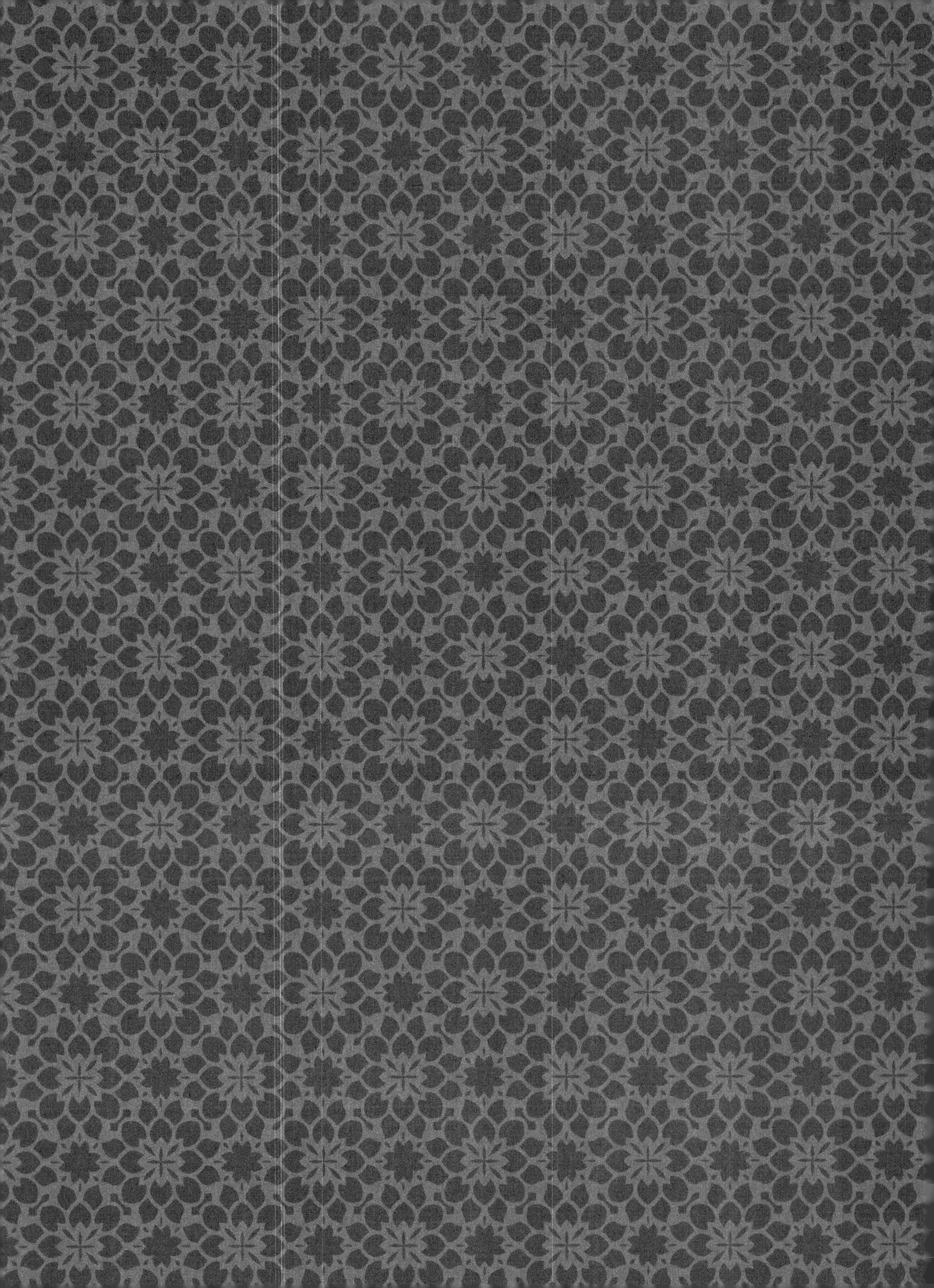

PON EL CORAZÓN
EN CADA COSA
QUE HAGAS

BAILA COMO
SI NADIE TE
ESTUVIESE MIRANDO

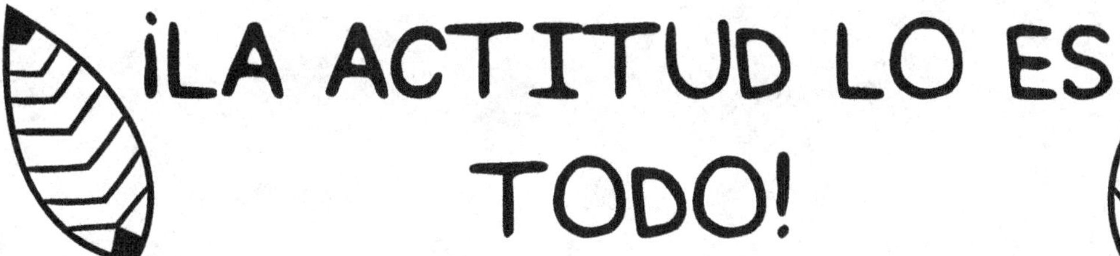
¡LA ACTITUD LO ES
TODO!

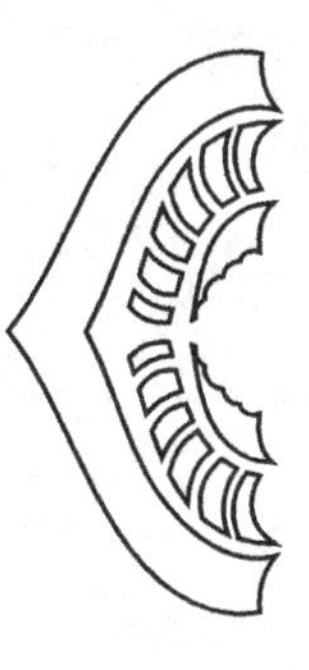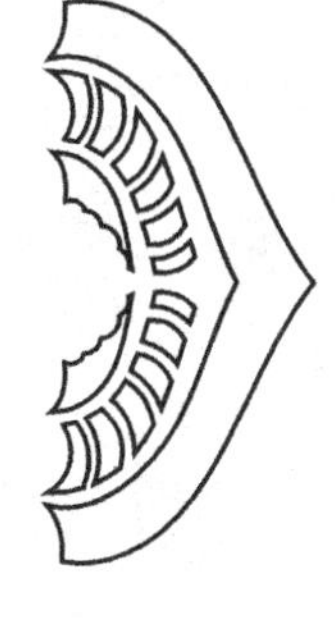

SI ESTÁS ESPERANDO
EL MOMENTO
PERFECTO, ¡ES AHORA!

LO QUE NO TE MATA,
TE HACE MÁS FUERTE

LO IMPORTANTE NO
ES EL DESTINO, SINO
EL VIAJE

MAÑANA
TENDRÁS
UNA NUEVA
OPORTUNIDAD

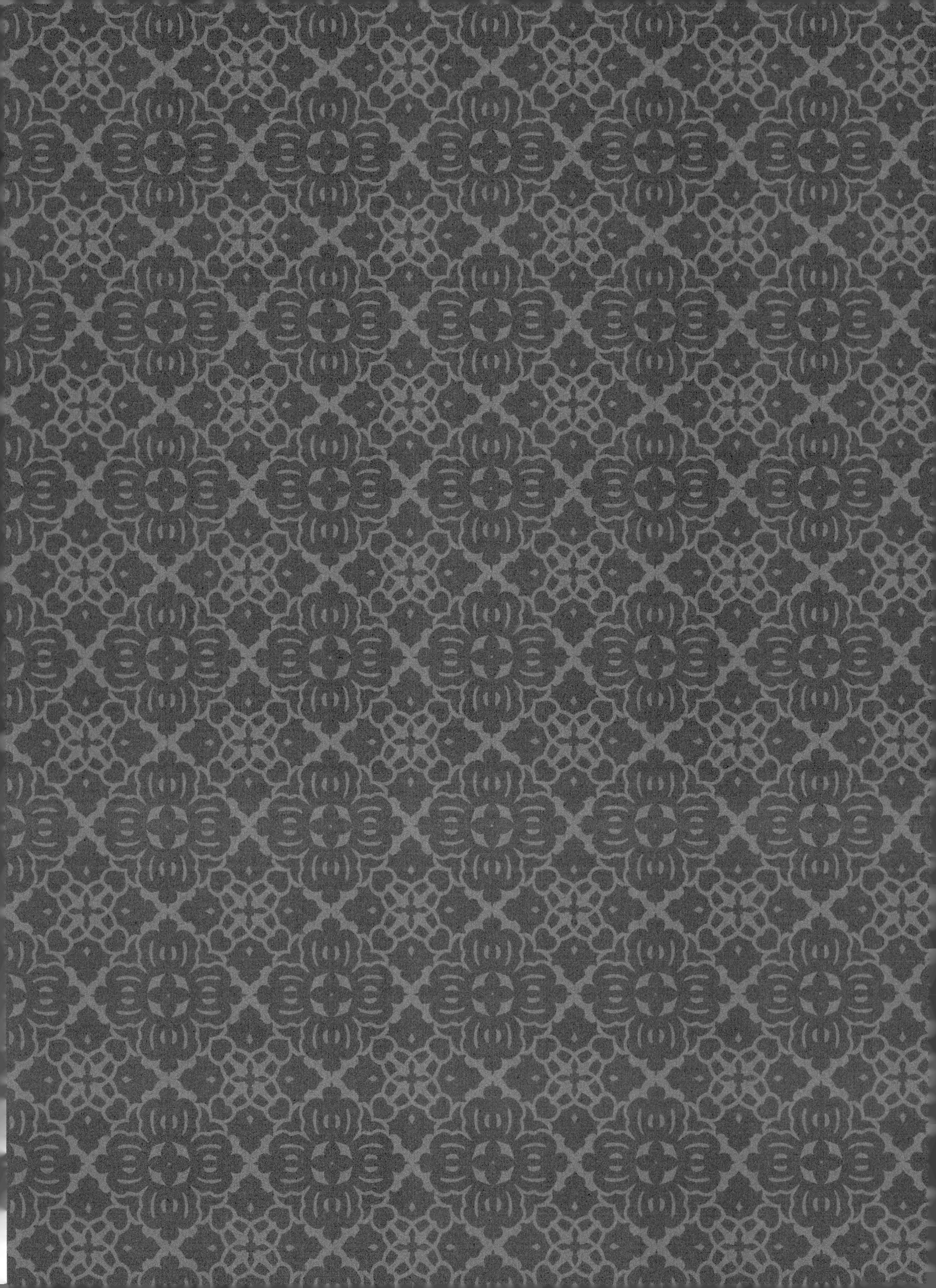

¿Quieres descargas gratuitas?
Escríbenos un correo electrónico a: freebies@pbleu.com

@papeteriebleu

Papeterie Bleu

Compra todos nuestros libros en
www.pbleu.com/es

Distribución al por mayor a través de Ingram Content Group
www.ingramcontent.com/publishers/distribution/wholesale

Preguntas y Servicio de atención al cliente, Escríbenos un correo electrónico a
support@pbleu.com

Made in the USA
Monee, IL
07 July 2026

56550096R00046